AF234222

LE 2ᵉ CENTENAIRE DU R. P. BARRÉ

FONDATEUR DE L'ORDRE DES DAMES DE SAINT-MAUR

PANÉGYRIQUE

PRONONCÉ

dans la Chapelle du Pensionnat des Dames de Saint-Maur

A HAM

PAR M. L'ABBÉ JACOB

CURÉ-DOYEN DE HAM

LE LUNDI 31 MAI 1886

PRIX : 0 FR 50

IMPRIMERIE DU « NOUVELLISTE DE HAM »

1886

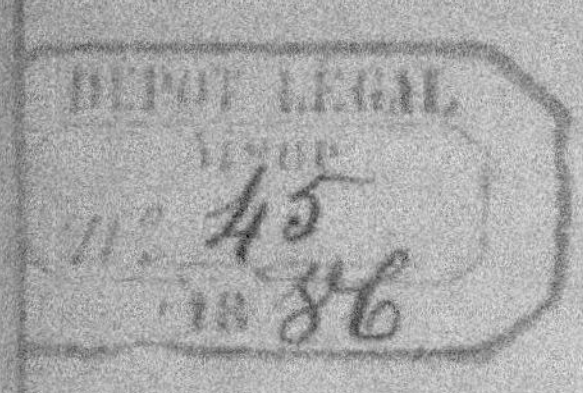

LE DEUXIÈME CENTENAIRE

Du R. P. BARRÉ

Fondateur de l'ordre des Dames de Saint-Maur

LE 2ᵉ CENTENAIRE DU R. P. BARRÉ

FONDATEUR DE L'ORDRE DES DAMES DE SAINT-MAUR

PANÉGYRIQUE

PRONONCÉ

dans la Chapelle du Pensionnat des Dames de Saint-Maur

A HAM

Par M. l'Abbé JACOB

CURÉ-DOYEN DE HAM

LE LUNDI 31 MAI 1886

PRIX : 0 FR 50

IMPRIMERIE DU « NOUVELLISTE DE HAM »

1886

AVANT-PROPOS

Le 31 mai 1886, les Dames de Saint-Maur ont
fêté dignement le deuxième centenaire de leur
fondateur. La chapelle si élégante et si gracieuse-
ment ornée du pensionnat pouvait à peine contenir les fidèles qui étaient venues donner à la communauté un témoignage de profonde sympathie.

A sept heures, la messe de communion générale
a été suivie non seulement par les membres de la
Communauté et les élèves, mais aussi par de nom-
breux parents qui ont voulu associer leurs prières
à celles de leurs chères enfants.

A la Grand'Messe à laquelle assistaient M. le
Doyen de Nesle et MM. les Ecclésiastiques du
canton, on a beaucoup admiré l'exécution des
morceaux de musique. Aux élèves du cours de
chant s'étaient jointes les anciennes élèves. On a

été émerveillé du fondu des voix et surtout de la façon vraiment artistique avec laquelle ces voix fraîches et exercées ont exprimé les nuances. C'est là que réside, du reste, la difficulté dans une exécution chorale.

Le Salut a été fort brillant. On y a remarqué deux magnifiques cantiques composés en l'honneur du Père Barré.

M. l'abbé Jacob, curé-doyen de Ham, a prononcé le panégyrique du saint fondateur. Nous le publions à la suite de ce court avant-propos, tel que nous l'avons recueilli de la bouche même du Prédicateur.

Le soir avait lieu la fête intime des élèves et la bonne Supérieure, pour laquelle le mot de Mère n'est pas un vain mot, n'avait rien négligé pour que ses enfants, aussi bien du Pensionnat que de l'Ecole libre, soient satisfaites. Notons parmi les distractions, le beau feu d'artifice et les feux de Bengale.

Pour terminer, disons que les mères des élèves, et nous en avons vu de Matigny, de Villers, de Sancourt, de Guiscard, etc., paraissaient vivement impressionnées. Et pourquoi en aurait-il été autrement? Cet ensemble ne formait-il pas une scène délicieuse et touchante, autrement douce que ces joies bruyantes du monde d'où l'on ne retire que de la fatigue et des enivrements factices?

PANÉGYRIQUE

DU

RÉVÉREND PÈRE BARRÉ

QUÆ EST ISTA RELIGIO ?
Quel est l'objet de cette cérémonie ?
Exode 12-36.

Célébrer un premier centenaire, c'est déjà chose remarquable. Un deuxième centenaire c'est un événement plus rare que se plaisent à enregistrer les annales des peuples pour en perpétuer le souvenir. On solennise les centenaires de personnages éminents qui se sont faits un nom par le génie, le patriotisme, les services rendus à leurs contemporains. Au lieu même de leur origine, auprès de leurs berceaux, ces anniversaires inaccoutumés réunissent des foules innombrables. Les dépositaires des pouvoirs publics sont invités à rehausser de leur présence et de leur sympathie l'éclat de ces fêtes. Ce sont des réjouissances indescriptibles, des manifestations enthousiastes, les maisons sont pavoisées aux couleurs nationales, les rues jonchées de fleurs ou de verdures. A l'arrivée du crépuscule, les premières ombres du soir commençant à voiler l'horizon, il n'est pas rare de voir comme des guirlandes aériennes, des bouquets de lumières, réellement féériques, suspendues symétriquement çà et là aux arbustes des jardins et des parterres, et de quart d'heure en quart d'heure, des salves d'artillerie légère se font entendre et tiennent en éveil une population ivre de joie et de bonheur.

Les inscriptions, les sentences laudatives foisonnent partout sur un même et unique objet, durant le jour, aux rayons du soleil, et pendant la nuit à travers des transparents lumineux. Des orateurs distingués rappellent les hauts faits de ces héros, retracent leur biographie et s'efforcent d'immortaliser leur mémoire et tous ces éloges sont couverts d'applaudissements unanimes et le journalisme ne manque pas de les insérer dans ses colonnes.

Et nous, mes Frères, est-ce une solennité semblable qui nous réunit ici ? Pourquoi cette fête exceptionnelle dont aucun d'entre nous n'avait été le témoin et qu'il ne reverra plus jamais *Quæ est ista religio ?*

S'agit-il d'exalter un insigne bienfaiteur de l'humanité, de préconiser les vertus d'un saint, de vénérer quelques parcelles de ses dépouilles inanimées ?

Non pas précisément, mais d'abord je demande

la permission de vous citer les paroles de l'illustre cardinal Bellarmin. Elles résument à elles seules la doctrine de l'Eglise, notamment celle du pape Urbain VIII sur ce grave sujet. Il importe que vous la connaissiez ; on gagne toujours à s'instruire ou à réveiller des souvenirs anciens.

« On peut rendre des honneurs particuliers aux « serviteurs de Jésus-Christ qui ne sont pas cano-« nisés, mais on ne doit pas proclamer ouvertement « leur sainteté, ni les invoquer publiquement, ni « prononcer leurs noms dans les litanies ou les « prières solennelles, ni ériger des autels ou des « églises à leur mémoire, ni les représenter avec « l'auréole de la gloire sur le front, ni célébrer « leurs fêtes avec la pompe des offices divins, ni « vénérer ostensiblement leurs reliques.

« Mais, il est permis de regarder, en particulier, « ces hommes de Dieu comme Bienheureux, même « les estimer dignes des honneurs de la canonisa-« tion, les invoquer avec confiance dans ses « besoins, et solliciter leur puissante intercession. « Il est permis enfin de célébrer une espèce de « fête ou de réjouissance le jour de leur naissance « ou de leur mort. »

Après cette traduction littérale des règles de l'Eglise, préliminaire indispensable, je salue de cœur et vous invite à saluer avec nous le héros ou l'objet de la cérémonie.

Il y a deux cents ans, s'éteignit une grande lumière. Le fondateur des écoles charitables de jeunes filles allait recevoir sa récompense. Les honneurs de la canonisation ne lui ont pas été décernés, l'ordre dont il faisait partie, l'un des plus humbles qu'il y ait dans l'Eglise, ayant toujours reculé devant un pareil éclat. Le nom du Père Barré n'est pas dans les dyptiques sacrées ; mais, quiconque étudie sérieusement la vie de cet homme apostolique ne peut s'empêcher de conclure que c'est un saint, et même un saint de premier ordre.

En lui donnant cette qualification, comme celle de Bienheureux et de Vénérable, je n'entends nullement prévenir le jugement de la Sainte Eglise Catholique, aux décisions de laquelle nous devons toujours nous soumettre respectueusement. Ces expressions ne témoignent que de notre admiration pour le Père spirituel de la famille religieuse qui célèbre cet anniversaire et elles n'ont point d'autre objet.

Oui, sa vie, sa doctrine ont tous les caractères de la sainteté. Ecoutez avec attention et bienveillance, mes Frères, cette simple analyse, cette courte biographie et comme nous, vous rendrez hommage à la dignité du grand serviteur de Dieu.

Le R. P. Barré n'est pas un étranger pour nous, puisqu'il est notre compatriote. La ville d'Amiens fut son berceau, il y est né le vingtième jour d'octobre 1621, à quelques pas de cette porte où le grand thaumaturge des Gaules avait rencontré le mendiant et lui avait donné son manteau. Dans ce siècle, l'un des plus glorieux de notre histoire, son berceau se trouva donc posé, comme au milieu d'une vraie pléiade d'illustrations et de grandeurs.

Saint François de Sales et Sainte Jeanne de Chantal, donnant à l'Eglise et au Monde, l'ordre admirable de la Visitation ; le pieux M. Olier et le grand Séminaire de Saint-Sulpice, devenu une pépinière féconde de saints et dignes prêtres, Saint Vincent de Paul opérant partout des prodiges de charité, recueillant autour de lui les enfants abandonnés, et leur procurant de nouvelles mères et le Vénérable de La Salle faisant surgir des légions de maîtres chrétiens, dévoués à la jeunesse, qu'ils forment pour Dieu, à la science et à la vertu, et dans la chaire de Versailles, Bossuet avec le tonnerre de sa voix apostolique et Fénélon révélant à la France les trésors de la mansuétude et de la miséricorde chrétiennes, voilà certes de grands noms, de grandes mémoires, dont l'éclat se reflète sur le berceau de notre humble et bien modeste héros. Mais, vous allez voir qu'il n'est nullement déplacé dans cette brillante et sainte Compagnie.

Son père et sa mère, vrais types d'honnêteté

patriarcale vécurent toujours dans la crainte de Dieu. Ils eurent plusieurs enfants qui héritèrent de leurs sentiments chrétiens et de leur piété sincère. Mais, dès l'âge le plus tendre, ils remarquèrent chez notre jeune prédestiné des dispositions précoces à la vertu. Quand chez les autres enfants, on voit se lever à peine l'aurore de la raison, Nicolas Barré manifesta son goût pour la retraite et la prière. Que de fois ne se déroba-t-il pas à l'attention de ses parents pour participer aux divins offices où il semble goûter des jouissances et des consolations ineffables. Dans la maison natale, il s'était fait un oratoire spécial pour y pratiquer en secret les pieux exercices qu'il s'était prescrits. C'est dans cet humble sanctuaire que le saint jeune homme vint se prosterner un jour pour demander une grande faveur au médecin tout-puissant. Sa sœur est à l'article de la mort, et les hommes de la science l'ont abandonnée. Il prie avec ferveur ; sa confiance est sans bornes. Une âme qui lui est si chère ne devra pas être ravie à l'affection de sa famille éplorée.

En effet, ses vœux sont exaucés; Dieu daigne lui révéler que non-seulement la malade ne mourrait pas, mais qu'elle jouirait incessamment d'une santé parfaite. Reconnaissante de ce bienfait signalé, je devrais dire de cette guérison miraculeuse, elle suivit toujours, même dans un âge avancé, les sages conseils de son frère. Imitatrice de ses exemples et de sa piété angélique, elle se fit religieuse dans une Communauté des Minimes d'Abbeville, où après avoir donné maints témoignages de sa foi et de sa vertu, elle est morte en odeur de sainteté, emportant avec elle les regrets de toutes ses compagnes.

Comment le Père Barré n'aurait-il pas obtenu du Ciel des faveurs considérables ? Son oraison était un exercice continuel de la présence de Dieu. Dès qu'il pouvait se trouver seul, on le voyait abîmé dans un recueillement si profond qu'il paraissait avoir oublié totalement les créatures. Il pensait à Dieu, non seulement dans la prière, mais dans ses repas, dans ses voyages et dans les affaires les moins en harmonie avec ce saint exercice. Etroitement uni de cœur et d'âme au Seigneur Jésus, il lui était difficile de se distraire et de parler d'autre chose que du grand objet de son amour. On eût dit qu'il était constamment en adoration devant Dieu. Il n'étudiait, n'écrivait, ne composait que dans l'attitude où les saints trouvent leur unique bonheur. Il passait la plus grande partie de son temps à genoux, implorant humblement la divine miséricorde. Comme Saint Philippe de Néry, sentant sa poitrine se dilater sous les aspirations et dans les ardeurs de sa prière ; comme Saint François Xavier entr'ouvrant ses vêtements pour laisser s'échapper le feu qui enflammait son cœur d'un amour pour Dieu que rien ne pouvait éteindre ; ainsi, le pieux Minime avait des ardeurs dans la prière qui agitaient son cœur tout embrasé de l'amour divin.

Est-il étonnant qu'il ait eu pour la pénitence une prédilection singulière ? Si les mortifications corporelles sont comme les signes sensibles du crucifiement intérieur, notre saint religieux avait des industries étonnantes pour affliger sa chair et mortifier ses sens. Les oreilles mondaines ne comprennent guère, à notre époque de mollesse et de sensualisme, les mystères de la souffrance volontaire, parce que nous méconnaissons la nécessité de l'expiation : mais, celui que nous glorifions aujourd'hui savait par cœur la doctrine du grand apôtre : « J'accomplis en ma chair ce qui manque à la Passion de Jésus-Christ, je châtie mon corps et le « réduit en servitude de peur d'être mis un jour « au nombre des réprouvés. »

Que de fois l'a-t-on surpris, au milieu des ténèbres de la nuit, prosterné devant le Saint Sacrement de l'autel, les bras en croix, et flagellant son pauvre corps par de rudes instruments de pénitence, ou bien, comme écrasé sous le poids des iniquités de quelque grand pécheur dont il sollicitait ardemment la conversion ou le retour. En mortifiant son corps avec tant de rudesse, il s'immole à Dieu comme d'autres, à force de plaisirs.

s'immolent à leurs idoles de boue. Ce sacrifice commence en quelque sorte avec sa vie, et devient chaque jour plus délibéré, plus complet, plus sanglant. Si la chair se révolte contre l'esprit, il la mate, la tourmente, la met en lambeaux, s'il est nécessaire, jusqu'à ce qu'il l'ait réduite complètement et remise sous le joug. Point de molles défaillances, point de capitulations honteuses, point de trève ni de merci. Tant il se dit et se redit sans cesse en lui-même : si vous vivez selon la chair, vous mourrez : si, au contraire, vous mortifiez par l'esprit les œuvres de la chair, vous vivrez. Pour acquérir cette vie, à quel martyre ne se condamne-t-il pas ?

Un jeune novice déjà si fervent dans son monastère, quels exemples de vertu ne donnera-t-il pas après avoir fait sa profession religieuse ? Vous le jugerez par ses actes.

C'est en 1642, à l'âge de 21 ans, au couvent de Chaillot, que le P. Barré prononça ses grands vœux. La vie du cloître avait pour lui des charmes, et l'ordre des Minimes ses préférences. Sans songer aux cathédrales, où il eut pu siéger honorablement au milieu des dignitaires de l'Eglise, il frappe à la porte de ces humbles religieux de Saint François de Paul. Ce sont les Minimes les plus petits dans la famille cénobitique. Ils sont pauvres, ils vivent dans les rigueurs de la pénitence, et dans les austérités de la retraite. Barré sera Minime.

La Société de Jésus ne dut pas être étrangère à cette vocation. Ses membres les plus distingués, les premiers maîtres, on peut l'affirmer, dans la formation de la jeunesse avaient dirigé ses études et comme deviné son avenir. Ce brillant élève faisait honneur à ses instituteurs. Il avait un esprit vif et pénétrant : il possédait à fond tous les auteurs anciens et modernes. Il écrivit plusieurs ouvrages de littérature et d'éloquence, de géographie et de mathématiques, qui sont comme des monuments de son savoir et de la capacité de son esprit. Il faut avoir fait de sérieuses études pour occuper avec distinction une chaire de théologie, pour enseigner la science suprême de Dieu et des âmes. Or, c'est au couvent de Paris, pendant plusieurs années, qu'il professa cette science si belle, mais siar due et si profonde.

Le couvent de Rouen eut l'avantage de le posséder à son tour, et put d'autant mieux apprécier son mérite et sa valeur qu'il y remplit la même mission durant quinze années consécutives.

Rouen fut donc la ville privilégiée, puisqu'elle devait voir en même temps se déployer le même zèle, les mêmes ardeurs, le P. Barré fondant les sœurs charitables du Saint-Enfant-Jésus et le vénérable de La Salle, sous l'inspiration et avec le concours du pieux Minime, dotant la France et l'Église de cet admirable Institut des Frères des Écoles Chrétiennes.

Une multitude innombrable d'élèves furent formés sous sa direction. Comme on les préparait à soutenir des thèses publiques, afin de connaître l'étendue de leur savoir, ils subissaient ces épreuves solennelles, vrais tournois scientifiques, à l'admiration des docteurs accourus de tous les points de la Capitale.

De tels élèves, sortis de pareilles mains devinrent, pour la plupart, d'excellents maîtres, auxquels on confia, dans la suite, l'instruction des jeunes religieux de l'Ordre des Minimes. Le professeur de théologie ne cessera jamais d'être un apôtre ; les prédications et les exhortations du P. Barré étaient si pathétiques, si bien appropriées aux besoins de ses auditeurs qu'ils trouvaient dans ses enseignements la manne spirituelle du cœur, le pain de la véritable doctrine.

Et puis, chose remarquable, quoiqu'il traitât toujours, non seulement avec dignité, mais avec majesté, la parole de Dieu, il n'affectait jamais la vaine éloquence du siècle, qui ne sert qu'à flatter l'oreille, et non à convertir les âmes. Ce n'était pas de ces prédicateurs de circonstance qu'on vient écouter à flots pressés pour admirer leur action oratoire, la puissance de leur dialectique, la sonorité de leur voix plutôt que pour réduire en pratique les vérités dont ils sont les organes. On venait écouter notre digne religieux pour s'édifier, s'instruire et transformer sa vie, en un mot, pour se convertir, apprendre à devenir des saints, seul objectif de la prédication évangélique.

Il possédait au suprême degré le don d'éclairer les esprits et de toucher les cœurs. Aussi, lorsque ses frères rencontraient sur leur chemin quelque pécheur endurci, rebelle à tous les efforts de la grâce, envoyez-le bien vite au P. Barré, disaient-ils, lui seul est capable de triompher d'une pareille résistance. Pouvait-on faire un plus bel éloge de son talent de la persuasion ?

L'ouvrage, par excellence, du R. P. Barré, c'est la création des écoles charitables, dites du Saint-Enfant-Jésus. Dans ce XVIIᵉ siècle, moins avancé que le nôtre, et comprenant mieux la nécessité de créer des pépinières d'âmes vertueuses vouées au sublime et laborieux ministère de l'éducation et de l'instruction de la jeunesse, on ne tarda pas à former des maîtresses, capables de réaliser les vœux du pieux fondateur.

Les principales villes de France s'empressèrent de les demander pour leur confier la direction de ces établissements nouveaux. On n'avait point alors la ridicule ambition d'élever, à grands frais, des palais-écoles, des groupes somptueux, absorbant des capitaux considérables, et n'ayant nullement, que

nous sachions, le privilège de reculer les limites
de la science pédagogique ni de christianiser les
populations. On désirait donner tout simplement
aux enfants une instruction solide, une éducation
profondément religieuse pour les mettre en mesure
de devenir un jour, non pas des libres penseuses,
mais d'excellentes mères de famille, des chrétiennes
parfaites, des femmes hors ligne, c'est-à-dire véri-
tablement françaises.

Et comme Paris est le centre vers lequel con-
vergent toutes les forces vitales de la France, c'est
à Paris que le P. Barré transporta et fixa définiti
vement le centre et le cœur de sa Congrégation
naissante. Il y a deux siècles que la grande cité vit
paraître dans ses murs le pauvre Minime et les
humbles filles de l'Enfant-Jésus ; car, c'était à
Bethléem, au pied de la crèche où le Fils de Dieu
est né dans la pauvreté, que le P. Barré avait cher-
ché le titre et le modèle de sa chère Congrégation.

Paris s'étonna de compter sous le voile de la
sœur des écoles charitables de grands noms et de
nobles dames. Mais, déjà les écoles charitables
étaient ouvertes, et les sœurs du P. Barré ensei-
gnaient dans les grandes paroisses, à Saint-Eus-
tache, à Saint-Roch, à Saint-Laurent, dans tous
les centres populeux, à Saint-Louis en l'Ile, à Saint-
Jean en Grève.

Après Paris, la ville-lumière, comme on l'appelle

de nos jours, Rouen, Bordeaux, Toulouse, Narbonne, Nîmes, Montpellier, Toulon, Bourges, Saumur, Guise, Liesse, Hirson se disputèrent l'avantage de posséder ces institutrices.

Les hauts personnages de la cour de Louis XIV les prenaient sous leur patronage auguste ; les évêques et les pasteurs des grandes villes les considéraient à juste titre comme les auxiliaires de leur apostolat auprès de la jeunesse.

Le saint prêtre a médité pendant dix ans, devant Dieu, la création de son œuvre ; et cette œuvre providentielle a pris des proportions considérables, puisque de son temps, la célèbre Madame de Maintenon, excellent juge en pareille matière, a réclamé une douzaine de maîtresses si bien préparées pour la direction de sa royale maison de Saint-Cyr.

Incontestablement, ce n'étaient pas des femmes ordinaires que ces religieuses ; c'étaient et ce devaient être de vraies apôtres, destinées à planter l'arbre de la Foi, et dans les âmes de leurs contemporains et jusque dans les contrées les plus lointaines.

Qui ne sait que les Indes, la Chine et le Japon sont devenus les objets de leur noble ambition et le théâtre de leur prosélytisme ?

Dans la pensée du saint prêtre, ces écoles devaient tirer leur force du désintéressement et de l'amour de la pauvreté. Le salut du prochain et l'abandon total à la Providence, telle était sa devise. Si vous fondez un établissement par des moyens humains, cet établissement fondra. Les écoles charitables du Saint-Enfant-Jésus sont l'ouvrage de Dieu. Si les hommes y mettent la main, Dieu retirera la sienne. Dès qu'ils voudront se charger de les établir et d'en prendre soin, Dieu les abandonnera : c'est-à-dire, il ne versera plus sur elle ses faveurs de protection spéciale qui est le caractère particulier de l'Institut.

Il est donc bien visible que l'esprit de Dieu animait les pensées de ce saint homme, qu'il en était rempli, et n'agissait en tout et partout que pour lui donner la clef des cœurs et lui en assurer l'empire.

Oui, je ne crains pas de l'affirmer, le P. Barré fut un saint, un de ces hommes réservés par la main de Dieu pour manifester sur la terre les œuvres de sa miséricorde, un illustre, un grand bienfaiteur de l'humanité. Son œuvre, cet Institut des écoles charitables, le P. Barré l'avait tirée du Sacré Cœur de Jésus ; c'est à ce foyer ardent de la charité divine qu'il avait trouvé les premières inspirations de cette difficile entreprise. Aussi, a-t il inscrit en tête de ses Constitutions cette parole remarquable : « L'Institut des écoles charitables et chrétiennes a pour origine le cœur de Dieu même. » De telle sorte que c'est avec raison, Mesdames, qu'on vous a appelées les filles du Sacré Cœur de Jésus. Sorti du cœur de Dieu même, votre Institut devait grandir comme le grain de senevé et couvrir de ses fruits et de son ombre bienfaisante, de ses rameaux vigoureux, la terre de notre bien-aimée patrie.

Et, chose bien glorieuse que je suis ravi de publier, vis-à-vis de cette chrétienne assemblée, tandis qu'aux jours néfastes de la Révolution de 1793, dans les rangs du clergé et des ordres religieux, l'Eglise eut à déplorer de tristes défections, l'Institut des Sœurs charitables du Saint-Enfant-Jésus opposait aux menaces et aux promesses de l'impiété triomphante la plus complète fidélité dans le devoir, dans le dévouement, dans la pratique des vertus et des saintes règles. Toutes les Sœurs, sans aucune exception, restèrent inébranlables au service de Dieu et des pauvres. Le P. Barré les protégeait. Je ne sache pas, Mesdames, qu'il puisse rien y avoir de plus élogieux dans votre histoire.

Les actes du P. Barré étaient en conformité parfaite avec sa doctrine. Ah! que n'ai-je le temps de vous en faire admirer la profondeur et la solidité! Cette doctrine substantielle qui vient d'un saint, et que je trouve éminemment propre à faire des saints, brille tout entière d'un éclat saisissant dans ses écrits, spécialement dans les lettres admirables qu'il nous a laissées, comme témoignage de sa foi et de sa piété. Lisez-les attentivement, vous les croirez extraites des épîtres du grand apôtre, de saint François de Sales, de saint Jean de la Croix, ou de saint Vincent de Paul. C'est la même doctrine, c'est le même enseignement. Oui, car c'est la doctrine de l'abnégation du crucifiement. C'est la destruction, l'anéantissement total du moi humain ; c'est la domination absolue du surnaturel ; c'est le règne exclusif de Notre Seigneur Jésus-Christ dans les âmes.

Sous une écorce quelque peu âpre, il faut le dire, et une apparence de sévérité, on entend, et l'on voit le docteur de l'amour de Notre Seigneur. On voit l'apôtre infatigable ; on voit l'homme de Dieu, ne pensant qu'à Dieu, ne rêvant, ne poursuivant que l'établissement de son règne, et sa glorification partout, notamment au milieu de ses religieuses qu'il vise à pénétrer de l'esprit de Notre Seigneur Jésus-Christ, afin de les rendre ses imitatrices par la pratique de l'amour des croix, des abaissements volontaires, de l'humilité la plus profonde et la plus parfaite, de la mansuétude, de la douceur la plus inaltérable.

La douceur et l'humilité, leur disait-il, voilà les deux grandes Dames assistantes de Jésus, le grand-maître des écoles divines. Choyez-les de votre mieux, mes chères filles, pour qu'elles soient les régulatrices de votre vie, pour qu'elles deviennent vos introductrices dans le Paradis.

Il faut être une âme d'élite, bien avancée dans les

voies de la perfection, pour enseigner une telle doctrine. J'estime qu'il faut être un saint, un prédestiné.

Le nôtre touchait à la fin de sa carrière : une maladie mortelle s'était déclarée. Sa foi ne parut jamais plus vivace, ni son amour pour Notre Seigneur plus ardent. Aux touchantes exhortations, qui lui étaient faites par le Directeur de sa conscience, il aimait à répondre en savourant délicieusement les paroles de saint Thomas : *Mon Seigneur et Mon Dieu*. Il n'y a rien de plus court, ajoutait-il, en forme de commentaire, et néanmoins, on ne peut rien dire de plus agréable à Dieu, car il est toujours charmé, quand il voit qu'en même temps que la créature publie la souveraineté de son être, elle reconnaît elle-même son néant : voilà, disait-il, ce que signifient ces deux paroles, *mon Seigneur*. Il n'y a rien qui soit plus capable de combler l'homme de consolation, car si la considération des bontés de Dieu soutient nos espérances, il s'en représente délicieusement la source par ces paroles : *Mon Dieu*, puisque l'essence même de la nature de Dieu, c'est d'être bon. Voilà, continuait-il, en vrai théologien mystique, ce que nous devrions avoir continuellement à la bouche et dans le cœur, dans le temps de la santé, comme dans celui de la maladie; et pour moi, je souhaite que l'on m'en fasse particulièrement souvenir dans mon agonie, dont l'heure redoutable ne tardera pas à sonner.

Et lorsqu'à l'avant-veille de sa mort et de la grande fête de la Pentecôte, un saint prêtre vint prendre de ses nouvelles, il ne lui donna pas d'autre réponse que les paroles de Jésus-Christ à ses apôtres, les disposant à souffrir patiemment la séparation du monde. Il est à propos que je m'en aille; le soir arrive et le jour baisse, *advesperacit et inclinata est jam dies : expedit ut ego vadam.*

On le pressait de dire ce qu'il demanderait à Dieu en faveur des institutrices, objets constants de ses paternelles sollicitudes, lorsqu'il serait mis en possession de son royaume éternel.

Il s'expliqua de cette manière. Leur établissement est un petit corps dans l'Eglise, je dirai à l'Esprit-Saint *qu'il faut qu'il l'anime toujours. C'est une école, je lui dirai qu'il en soit le maître. C'est un escadron que j'expose contre ses ennemis, qu'il soit toujours à sa tête pour le conduire.*

Ce furent les dernières paroles du saint fondateur mourant, dans sa 65ᵉ année ; ce fut son testament, Mesdames, et je ne crois pas que vous puissiez jamais recevoir un legs plus précieux : l'esprit de Dieu sur l'Institut, la bénédiction sur vos œuvres, et la sanctification des enfants commises à votre maternelle direction ; votre sanctification, votre salut personnel : que c'est beau ! que c'est enviable ! que c'est divin !

Je ne suis pas étonné, qu'il y a trois semaines, les vastes nefs d'une cathédrale aient pu difficilement contenir l'affluence des fidèles accourus pour célébrer le centenaire que nous fêtons. Là, une bouche éloquente a prouvé que la femme forte, d'où doit sortir le salut de notre cher pays, se recrute dans les rangs de la société, sans distinction de fortune et de position, que les institutrices chrétiennes s'appliquent constamment au grand travail de la génération de la France d'autrefois.

Et puis, l'orateur sacré a dit ces paroles frappantes qui sont un flatteur éloge, ou un précieux encouragement. Vous comptez 200 ans d'existence, Mesdames, quand les institutions qu'on nous oppose nous offriront une égale durée, nous serons saisis d'admiration pour elles, et nous nous déclarerons vaincus. Mais, ne craignez rien ; quand après 200 ans d'existence, on continue le sillon déjà commencé, tracé par les nobles filles que forma le R. P. Barré, pour en faire vos devancières et des institutrices émérites, on n'a rien à redouter d'une époque momentanément hostile, injuste et maladroite, quand sur la chaire de l'enseignement trône la croix adorable que l'on s'efforce d'arracher de tous lieux, quand enfin, c'est au nom des droits spéciaux et imprescriptibles, comme ceux qui vous défendent, que l'on poursuit une tâche aussi utile et aussi chrétienne ; quelle crainte puérile pourrait nous faire douter du soutien, contre lequel toutes les haines s'émoussent et s'écroulent !

Oui, de par le droit naturel, de par le droit moderne, de par le droit divin, il est défendu d'enrayer l'œuvre de l'éducation chrétienne, et quand on a ces droits pour soi, on possède le gage d'une durée immortelle. Courage donc et confiance. Dieu est avec nous, qui sera contre nous ?

Ministres de Jésus Christ, vénérés confrères, pieux fidèles, paroissiens et paroissiennes dévouées, je vous félicite de votre empressement et de votre généreux concours. Vous célébrez, avec nous, l'anniversaire glorieux du saint fondateur des écoles charitables du divin Enfant Jésus. Vous témoignez, par conséquent, de vos sympathies pour l'instruction religieuse de la jeunesse.

Vous savez le devoir que les circonstances nous ont imposé.

L'Ecole libre est votre œuvre. Elle est justement celle que nous recommande, du haut du ciel, le grand religieux dont on acclame aujourd'hui la mémoire. Elle est fondée non sur ou par les moyens humains, mais sur la charité, sur le dévouement, sur l'amour des âmes de vos enfants chéris. Notre conviction intime est qu'elle ne périra pas. A vous d'être sa Providence terrestre, à vous de protéger son présent et de sauvegarder son avenir.

Daigne la très-sainte Vierge, comme clôture de son mois privilégié, bénir d'une immense bénédiction, les bienfaiteurs et les bienfaitrices de notre œuvre, les Pères et les Mères et les enfants, et à vous, Mesdames, réserver la juste rémunération de votre dévouement et de vos sacrifices.

AMEN.

FIN